d $\frac{130}{31.}$

d 130
31.

# ESSAI

SUR

# L'ECTHYMA DANS L'ARMÉE

ET SPÉCIALEMENT DANS LA CAVALERIE,

OBSERVATIONS RECUEILLIES A L'HOPITAL MILITAIRE DE VERSAILLES
DANS LE SERVICE DE M. GODARD, MÉDECIN EN CHEF;

Par M. DAUVÉ,
MÉDECIN AIDE-MAJOR DE PREMIÈRE CLASSE.

## PARIS
LIBRAIRIE DE LA MÉDECINE, DE LA CHIRURGIE ET DE LA PHARMACIE MILITAIRES
VICTOR ROZIER, ÉDITEUR,
Rue Childebert, 11.
Près la place Saint-Germain-des-Prés.

1861

Imprimerie de Cosse et J. Dumaine, rue Christine, 2.

# ESSAI

SUR

# L'ECTHYMA DANS L'ARMÉE

ET SPÉCIALEMENT DANS LA CAVALERIE.

OBSERVATIONS RECUEILLIES A L'HOPITAL MILITAIRE DE VERSAILLES
DANS LE SERVICE DE M. GODARD, MÉDECIN EN CHEF.

---

HISTORIQUE.— Le mot d'etchyma vient de (εxθυμα) εxθυειν (cum impetu ferri, id quod erumpit per cutem).

Hippocrate (*Epid.*, lib. III) se sert de ce mot pour désigner des éruptions incomplétement décrites, attribuées suivant les uns à la variole, suivant les autres à la fièvre typhoïde (Forestus, *De febri pestilente in quâ ecthymata et exanthemata apparebant*, lib. VI, p. 240). Les traducteurs latins ont rendu ce mot par *pustula*. Les synonymes que nous trouvons dans les auteurs anciens sont les suivants: Τερμινθος ou θερμινθος et επινυκτις (Græcorum); *therebinthus* (Latinorum); *Albotin vel albotes, schera et botsor* (Araborum); *Terminthus* (Wisemann, Turner, Lorry, Plenck); *Epinyctis* (Sauvages); *Psoride crustacée* (Alibert); *Erbsenblattern* (Teutonice sec. Plenck), *Eiternde Flechte* (sec. Sprengel).

L'appellation de *therebinthus* vient de la ressemblance de la pustule avec le fruit du thérébinthus. Celle d'*epinyctis* vient de ce que la maladie commençait la nuit, ou plutôt de ce que le malade souffrait davantage pendant la nuit. Malgré cette étymologie, on peut s'assurer, en consultant les auteurs suivants, que l'affection, qu'ils ont décrite sous ces noms divers, est bien caractérisée par des pustules phlysaciées :

Hipp. Piorrhet. 2, *De intern. affect.*
Celsus, lib. V, C. 28, sect. 15.

Paul Œgin, lib. iv, c. 9.
Oribas Synops, lib. vii, c. 37 (1).

Les Arabes ont traduit ce terme par *sera*, et quelquefois par *botsor* (Avicenn. lib. iv, fen. vii, t. 3, c. 1.)

Ce mot d'ecthyma, qui autrefois s'appliquait à toute espèce de pustule, a été rattaché par Willan à un genre tout spécial de pustule, qu'il est assez facile aujourd'hui de reconnaître dans la classe des pustules des willanistes. Avant le livre du médecin de Londres, on avait publié quelques descriptions incomplètes intitulées :

Éruptions d'un grand nombre de petits furoncles ;

Dartre crustacée et boutonnée ;

Maladie singulière de la peau ;

offrant toutes quelques caractères particuliers à l'ecthyma ; mais c'est à Willan le premier que revient l'honneur d'avoir tracé la symptomatologie acceptée aujourd'hui par tous les dermatologistes. Nous possédons une excellente thèse de M. Asselin, intitulée : *Essai sur l'ecthyma*, in-4°, Paris, 1827.

Willan et Bateman plaçaient l'ecthyma dans le cinquième ordre des pustules, entre le porrigo et la variole. Biett et depuis, son école, M. Casenave et Schedel l'ont placé dans te quatrième ordre des pustules, entre la vaccine et l'impétigo. Alibert, qui l'appelait phlysacia, l'a rangé dans le cinquième genre des dermatoses eczémateuses. Nous le trouvons dans le troisième groupe des affections pustuleuses de M. Devergie, dans la deuxième classe de M. Hardy : inflammations locales; et enfin dans la première classe de M. Duchêne-Duparc : dermites simples, classe qui répond au groupe des dermatoses eczémateuses d'Alibert, son ancien maître.

Définition. — Willan a défini l'ecthyma : une maladie caractérisée par une éruption de pustules phlysaciées, assez volumineuses, arrondies, susceptibles de se dessécher en croûtes, et de laisser ensuite une tache violette persistant

---

(1) *The cyclopædia of practical medicine, Ecthyma*, T. F. Todd, p. 671.

pendant quelques semaines. Cette définition a le tort de ne convenir qu'à l'ecthyma vulgaire et de donner au mot phlysacié un sens précis que son étymologie est loin d'expliquer. M. Hardy l'a cependant adoptée, sans noter les cicatricules et même les cicatrices, qui souvent succèdent à la forme chronique, soit scorbutique, soit syphilitique. Pour renfermer toutes ces formes dans une définition aussi courte que possible, l'ecthyma sera pour nous une inflammation superficielle de la peau, ordinairement apyrétique, non contagieuse, caractérisée par des pustules rondes assez volumineuses, reposant sur une base dure et enflammée, et surmontées d'une vésicule contenant du pus ou de la sérosité, ou un liquide sanguinolent, vésicules susceptibles de s'ulcérer, ou de se dessécher en croûtes brunes qui laissent après elles ordinairement une tache violacée, souvent des cicatricules, et quelquefois des cicatrices indélébiles.

Divisions. — Avant de traiter de l'ecthyma sous le point de vue particulier où je me place, je passerai en revue les différentes divisions que les auteurs ont admises dans cette dermatose.

Willan et Bateman admettent quatre variétés : *vulgare*, *infantile*, *luridum* et *cachecticum*. Après avoir parcouru ce que disent les médecins anglais des formes luridum et cachecticum, des rapports constants qui existent entre elles, j'admettrai avec M. Devergie (1) que ces deux variétés peuvent n'en former qu'une. Les divisions que donne ce dernier auteur, quoique nombreuses, sont rationnelles : il appelle l'ecthyma :

| | |
|---|---|
| *Vulgare*............ | suivant la forme la plus commune ; |
| *Infantile*........... | suivant l'âge ; |
| *Aigu*............... | |
| *Chronique*.......... | suivant sa marche ; |
| *Diutinus ou successif*..... | |
| *Idiopathique*........ | suivant sa cause ; |
| *Symptomatique*....... | |
| *Impétigo ecthymatiforme*... | |
| *Ecthyma rupiforme, cachecticum, luridum*........... | suivant sa forme composée. |

---

(1) *Traité pratique des maladies de la peau*, A. Devergie. Paris, 1854, p. 333.

M. Rayer (1) donne la distinction suivante, plus simple et plus pratique : ecthyma aigu et ecthyma chronique, distinction admise aussi par M. Hardy (2), qui subdivise la forme aiguë en simple et gangréneuse, et la forme chronique en infantile et cachectique.

Dans l'étude que je me suis proposée, je suis forcé de négliger quelques formes d'ecthyma, qui, quoique possibles dans l'armée, ne s'y montrent qu'exceptionnellement, et ne dépendent en rien de la vie militaire; exemple : ecthyma infantile, cachecticum des vieillards. Je diviserai donc cette dermatose en

Ecthyma aigu ou *vulgare* ;
*Idem*, chronique ou successif ;
*Idem*, scorbutique ;
*Idem*, syphilitique.

Dans cette division j'omets le mot cachectique, qui peut s'appliquer aux trois dernières formes et qui, dans les descriptions données par Willan, Bateman et les modernes, se rattache au rupia, et affecte, soit les vieillards, soit les sujets épuisés. Du reste, je pense, avec M. Duchêne-Duparc (3), que dans les cas les plus simples d'ecthyma il existe toujours un certain état cachectique tenant, soit à la constitution, soit à de mauvaises conditions hygiéniques, soit enfin à une maladie antérieure.

Ecthyma aigu.—L'ecthyma aigu proprement dit est beaucoup moins fréquent dans l'armée que l'ecthyma chronique ; comme ailleurs on l'observe après les frictions avec des pommades irritantes, sur les limites d'un vésicatoire, et surtout chez les galeux, où l'irritation causée par la présence de l'acare donne naissance à des pustules d'ecthyma parfaitement caractérisées. On l'observe aussi et plus fréquemment chez les conscrits après les premières leçons d'équitation. Cette espèce seule rentre dans notre étude :

---

(1) *Traité théorique et pratique des maladies de la peau*, P. Rayer. Paris, 1835, t. 1er, p. 724.

(2) *Leçons sur les maladies de la peau*, Hardy et Moysant. Paris, 1858.

(3) *Traité des dermatoses*. Paris, 1859, Duchêne-Duparc, p. 28.

aussi pourrions-nous l'appeler ecthyma des recrues. Il est rare qu'après deux ou trois jours d'exercice à cheval ou de promenades à allures vives, les jeunes cavaliers ne soient atteints d'un erythème particulier aux fesses et aux cuisses, l'intertrigo, de furoncles aux mêmes parties et surtout aux jambes. Au milieu de ces éruptions extrêmement douloureuses, on remarque fréquemment, chez les sujets lymphatiques, quelques pustules d'ecthyma, qu'il est assez difficile de bien reconnaître, à cause des croûtes souvent excoriées qui les recouvrent. Le cavalier se présentant ordinairement à la visite quand il ne peut ni marcher ni monter à cheval, l'affection est souvent à une période trop avancée pour la distinguer du furoncle. Comme la forme chronique doit être la partie la plus importante de notre travail, nous ne dirons que quelques mots de la forme aiguë. Du reste les symptômes et la marche se trouvent dans tous les traités des maladies de la peau, et la cause et le siége de l'affection sur les jambes sont les seuls caractères particuliers de l'ecthyma des recrues. On observe quelquefois un malaise général avec courbature, un peu d'embarras gastrique, rarement de la fièvre.

La pustule, arrondie, est d'un rouge vif. Le premier jour, la vésicule, marquée d'un point noir à son centre, contient un pus mal lié, et le second jour un pus de bonne nature. La croûte se forme vers le troisième, et tombe ordinairement vers le quinzième jour sans la moindre suppuration, pour faire place à une tache rosée qui met plusieurs semaines à disparaître. Telle est la marche habituelle de l'état aigu quand le malade se présente à la visite au début de l'affection; mais il n'en est pas toujours de même, et le plus souvent les vésicules et les croûtes ont été déchirées par le frottement de la botte et du pantalon de cuir, et une suppuration sanguinolente retarde la guérison, jusqu'au jour où la croûte renouvelée amène la cicatrisation.

Le traitement de cette forme consiste dans le repos, les émollients, les cataplasmes de fécule, les bains locaux, et les tisanes rafraîchissantes. Les toniques et les dépuratifs activent toujours la guérison chez les sujets lymphatiques.

Ordinairement le furoncle et l'ecthyma aigu se montrent en même temps chez les jeunes cavaliers; à la fin de ce travail j'en rapporterai un exemple, et à propos de l'ecthyma chronique, je reviendrai sur le diagnostic différentiel de ces deux affections.

Ecthyma chronique. — L'ecthyma diutinus, à évolutions successives, n'est autre que la forme chronique, beaucoup plus fréquente que la précédente. Chacune des éruptions affecte dans son développement une marche analogue à celle des pustules de la forme aiguë : aussi, tout ce que je dirai à propos de la symptomatologie de cette forme, pourra se rapporter à la précédente. J'essaierai de décrire les symptômes observés chez les artilleurs de la garde au retour de Crimée en 1856, et ceux plus récents que m'ont offerts plusieurs cavaliers de la garnison de Versailles. Tous ces malades avaient plusieurs années de service, et pour les premiers, les fatigues, les privations de toute sorte, pour les seconds, un casernement humide, le tempérament lymphatique, prédisposaient à la chronicité.

*Symptomatologie et marche.* — J'étudierai successivement les trois périodes ordinaires de toutes les dermatoses : l'éruption, la suppuration et la cicatrisation, et tout en indiquant la marche et la succession des symptômes organiques, j'en donnerai la description la plus exacte.

*Pustule.* — Au début on aperçoit une sorte d'épaississement du derme, qui se convertit bientôt en une élevure inflammatoire limitée. Il y a seulement, d'après M. Rayer (1), injection sanguine avec tuméfaction pyriforme du derme. Le volume de ces élevures conoïdes varie entre celui d'une lentille et celui d'un pois. Elles sont d'un rouge vif, douloureuses au toucher, et reposent sur une base enflammée d'une couleur encore plus animée. La pustule alors est complétement formée. Un sentiment de tension et un léger prurit accompagnent la première période de l'éruption.

*Vésicule.* — Après vingt-quatre heures, l'épiderme qui recouvre la pustule semble se décoller du derme et se rem-

---

(1) Ouvrage cité, p. 725.

plir d'une sérosité grisâtre. Le lendemain, la vésicule est complétement formée, et le deuxième jour le liquide argenté s'est transformé en pus de bonne nature qui occupe, comme l'a fait remarquer M. Devergie (1), les 9/10 de la pustule. On aperçoit alors, au centre de la vésicule, un point noirâtre qui la déprime, et qui semble appartenir à l'orifice, soit d'un follicule pileux, soit d'un follicule sébacé isolé. Ce point noir, cité par la plupart des auteurs, n'est pas toujours constant. MM. Hardy et Duchêne omettent d'en parler, probablement parce qu'ils n'admettent pas dans l'ecthyma l'inflammation d'un follicule sébacé. Le pus contenu dans la vésicule n'est pas toujours également bien lié. Chez les sujets lymphatiques il semble enveloppé d'une couche de lymphe plastique. Il était mélangé de sang chez les scorbutiques. Quand la suppuration est bien formée, l'auréole rouge diminue sensiblement d'étendue ; la couleur de cette auréole tient, suivant Bateman, à l'injection plus marquée des capillaires veineux.

Les auteurs citent des cas d'ecthyma confluent, où plusieurs vésico-pustules se sont confondues, et ont présenté un soulèvement épidermique considérable ; je n'ai jamais rencontré de vésicules de ce volume, et si quelquefois des croûtes énormes se sont présentées à mon observation, elles étaient dues à la réunion de plusieurs pustules pendant la période ulcéreuse.

Jusqu'ici la maladie que nous décrivons n'a de particulier que son siége ; après la suppuration formée, les symptômes ne suivent plus une marche régulière. Deux choses peuvent arriver : ou bien l'épiderme se déchirera seul, ou bien le malade et quelquefois le médecin ouvriront la vésicule.

Dans le premier cas, qui n'arrivera qu'à l'hôpital, la déchirure aura lieu vers le sixième jour (Biett) (2) ; vers le troisième (Hardy) (3), ou plutôt du troisième au sixième. Il s'écoule alors une goutte de liquide séreux mal lié. L'épi-

---

(1) Ouvrage cité, p. 334.
(2) *Dictionnaire en 30 volumes. Ecthyma*, Biett.
(3) Ouvrage cité.

derme s'applique sur le fond de la pustule, et, s'unissant à la lymphe plastique sécrétée, se concrète en une croûte brune enchâssée dans la peau saine, croûte qui au déclin de la maladie peut terminer les symptômes et laisser en se détachant une tache pourprée, déprimée à son centre, et figurant (Devergie) (1) la surface d'un cors à clou qu'on vient d'arracher. Mais cette dernière succession de symptômes n'a lieu qu'à l'hôpital, après un long repos et surtout un traitement tonique, pour les pustules qui terminent la maladie. Le plus souvent les vésicules sont déchirées par les bottes, le pantalon de cuir, ou les ongles du cavalier, et si une croûte s'est formée naturellement, elle n'échappera pas à ces causes d'excoriations.

Reprenons donc la symptomatologie à la déchirure de la vésicule, soit volontaire, soit mécanique.

Si vers le deuxième jour on déchire l'épiderme, la gouttelette séro-purulente s'écoule au dehors, et l'œil aperçoit une espèce de fausse membrane qui recouvre le derme. Cette fausse membrane ressemblant à du pus concrété ne peut être confondue avec le bourbillon d'un petit furoncle, à cause de sa ténuité et de son peu de consistance; à la moindre pression, au moindre frottement, cette matière se détache, et laisse à découvert une ulcération en godet.

*Ulcération.* — Cette ulcération représente à peu près le volume d'une tête d'épingle; un bourrelet dur et volumineux, appartenant au derme, forme ses bords. L'épiderme est décollé autour de l'ulcération, tandis que, dans l'ecthyma aigu ou dans la période de déclin de l'ecthyma chronique, la croûte se forme immédiatement et sans suppuration. Dans l'affection qui nous occupe, les bords de l'ulcération s'affaissent, le godet s'agrandit, le derme s'ulcère davantage, l'épiderme se décolle de plus en plus, et une suppuration sanguinolente, entretenue par le frottement, s'établit. Si le malade cesse son service et prend un peu de repos, on voit quelquefois une croûte se former, mais, quelques jours après, une nouvelle suppuration vient la chasser et mettre

---

(1) Ouvrage cité.

de nouveau la plaie à découvert. Cette période d'ulcération dure ordinairement deux septénaires, et ce n'est que grâce au repos et au traitement tonique que l'ulcère grisâtre prend une meilleure figure. Le derme bourgeonne, le fond de la plaie s'élève, et les bords taillés à pic s'affaissent sensiblement. Dans ce cas, l'auréole épidermique est rouge sombre. Enfin, les croûtes se forment. Chez nos artilleurs, la malpropreté et la continuation du service avaient amené des ulcérations de la largeur d'une pièce de deux francs, qui, en rejoignant les ulcérations voisines, occupaient une surface double et quelquefois triple de la première. La forme des ulcères est ordinairement arrondie et quelquefois ovalaire; elle n'est irrégulière que lorsqu'elle succède à une croûte déjà déchirée.

*Croûte.* — Dans l'ecthyma aigu franchement inflammatoire, la période d'ulcération manque ou n'a que peu de durée ; la croûte se forme le jour même de la déchirure de l'épiderme. Dans la forme que nous appelons chronique, nous avons vu l'ulcération persister pendant plusieurs mois ; chaque jour la couche superficielle du liquide sécrété, pus, sang, lymphe plastique, se concrétait sous forme de croûte molle. Après vingt-quatre heures, cette croûte se détachait pour laisser couler une sérosité plus sanieuse et faire place à un nouvel ulcère ; quelquefois l'auréole épidermique est soulevée par une sérosité de nouvelle formation qui, en se desséchant, constitue un nouveau cercle croûteux, qui, par le même mécanisme successif, produit un cône formé de cercles croûteux, concentriques, en forme d'écailles d'huître. Chez tous nos hommes, la croûte avait à peu près la largeur d'une pièce de deux francs. Quand l'état général du malade s'est amélioré par un traitement tonique, la suppuration cesse, la croûte noire s'épaissit davantage, ses bords sont durs et calleux ; elle est très-adhérente et comme enchâssée dans le derme ; elle déborde souvent l'épiderme et prend une forme proéminente qui a fait admettre par certains auteurs une variété nouvelle : *rupia proeminens*. Elle ne se détache que dans l'espace de quelques semaines, et quelquefois après plusieurs mois. Si, par une cause quelconque, elle tombe avant la cicatrisation, la plaie n'est pas de mauvaise nature, comme dans l'ecthyma cachecticum des vieillards, ou même dans la forme scorbutique ; elle se reforme rapidement et ne retarde que peu la guérison ; elle est ordinairement brune, et d'autant plus foncée qu'elle a été déchirée plus souvent.

*Cicatrice.* — Dans l'ecthyma vulgare, la croûte en tombant laisse une tache pourprée, déprimée à son centre, et figurant la surface d'un cors à clou qu'on vient d'arracher. Cette tache pâlit après quelques semaines et finit par disparaître. Le centre d'abord commence à blanchir, et l'auréole est la dernière à reprendre la couleur normale. Souvent il n'y a pas de cicatrice ; quelquefois, cependant, une cicatricule ovalaire et plissée se remarque au point où la croûte tenait au derme ; elle est moins profonde et moins large que la cicatricule ovalaire et gaufrée de la variole.

Dans l'ecthyma chronique, la cicatrice dépend du plus ou moins de durée de la période d'ulcération. Dans cette période, le derme est complétement ou presque entièrement détruit ; le tissu inodulaire cicatriciel, de nouvelle formation, contient des vaisseaux et des nerfs, mais ne possède plus ni pigment, ni glandes, ni follicules. Les prolongements du tissu cellulaire sous-cutané, à travers les mailles du derme, ont disparu. Il y a donc perte de substance, et partant dépression. Cette dépression semble finir brusquement aux limites circulaires de l'ancienne ulcération. La forme de la cicatrice est circulaire, étoilée et plus souvent polygonale ; la cicatrice est lisse vers le milieu, quelquefois plissée sur les bords ; son étendue est un peu moindre que celle de l'ulcération ou de la croûte ; elle varie entre la surface d'une pièce de vingt centimes et celle d'une pièce de deux francs. De couleur pourprée au début, elle devient quelques mois après d'un rose pâle, en s'éclaircissant du centre à la circonférence. Enfin, après plusieurs mois, elle s'arrête à la couleur blanc mat ; l'épiderme qui l'entoure, d'abord d'un rouge sombre, devient brun et reste toujours plus foncé que les parties voisines. Au début, il forme des cercles blancs autour de l'empreinte, et plus tard, surtout dans la forme syphilitique, il termine les bords de la cicatrice par un petit liséré blanc lamelleux, qui persiste quelquefois pendant des années. Ce signe existe encore sur la jambe d'un artilleur qui a fait la campagne de Crimée, et qui, à cette époque, a été atteint d'ecthyma scorbutique.

L'étude détaillée de chacun des symptômes anatomiques, l'époque de leur succession, indiquent assez la marche de la maladie. Une observation importante, signalée déjà par M. Devergie (1), et dont j'ai constamment remarqué la justesse, est la suivante : plus les pustules qui apparaissent en dernier lieu sont petites, plus l'affection approche de la guérison.

Siége. — Les pustules d'ecthyma peuvent se développer sur toutes les parties du corps; mais tous les auteurs s'accordent à leur donner comme siége ordinaire les membres, les épaules, les fesses et le cou; rarement le visage et le cuir chevelu en sont atteints. M. Rayer (2) les a vues former une espèce de zone autour du tronc. M. Hardy (3) affirme qu'elles affectent une sorte de prédilection pour les pieds et les mains, aux faces plantaires et palmaires, où les anatomistes n'ont pas trouvé de follicules sébacés; objection bien sérieuse au siége anatomique adopté par certains auteurs. M. Devergie (4) fait observer avec raison que l'ecthyma généralisé n'est propre qu'à l'enfance, et que, dans l'âge adulte, l'affection n'atteint qu'une partie ou la totalité d'un membre.

Sur 55 ecthymas chroniques observés par moi, soit dans les régiments de cavalerie, soit à l'hôpital de Versailles, je n'ai trouvé que cinq fois des pustules ailleurs que sur les jambes, trois fois sur les cuisses et deux fois sur les fesses. Dans tous ces cas, les pustules siégeaient ordinairement sur les jambes, depuis l'épine du tibia jusqu'au cou-de-pied. La région antérieure et externe était le plus souvent affectée. Une fois seulement, j'ai rencontré une pustule sur le cou-de-pied, jamais à la face plantaire. Presque toujours les deux jambes sont malades, quoique à des degrés différents. Ce siége unique et constant m'a engagé à rechercher quelles pouvaient être les causes, inhérentes à la vie militaire, qui

---

(1) Ouvrage cité.
(2) *Idem.*
(3) *Idem.*
(4) *Idem.*

donnaient à l'ecthyma cette forme particulière, sur laquelle les dermatologistes n'ont pas attiré l'attention. Dans les quelques lignes consacrées à l'étiologie, j'essaierai d'étudier cette question.

Nombre. — Dans l'ecthyma aigu, comme dans l'ecthyma chronique, le nombre des boutons dépend de la durée de la maladie, c'est-à-dire du temps que les hommes mettent à venir à la visite et du traitement qu'ils suivent. Pour les ecthymas aigus, observés chez les recrues à Valence, l'éruption ecthymoïde était inversement proportionnelle à l'éruption furonculeuse concomitante. Dans l'ecthyma chronique, voici pour 55 cas la moyenne du nombre des boutons et de leur siége :

17 pustules pour un malade : 8 sur la jambe gauche, 9 sur la jambe droite.

| Jambe droite........ 9 pust. | Jambe gauche....... 8 pust. |
|---|---|
| Région antérieure et externe............ 5 | Région antérieure et externe........... 5 |
| *Idem*, interne....... 3 | *Idem*, interne....... 2 |
| *Idem*, postérieure..... 1 | *Idem*, postérieure..... 1 |

Dans les trois cas où l'ecthyma a été remarqué sur les pieds, les cuisses et les fesses, il n'y a pas eu plus de trois pustules.

Durée. — Dans les huit cas d'ecthyma aigu, observés à Valence, la maladie n'a pas dépassé trois septénaires ; mais, dans ces cas, l'éruption avait eu lieu d'emblée, et le repos et un traitement approprié avaient notablement diminué la durée de la maladie. Dans l'ecthyma chronique, la durée de l'affection est subordonnée au nombre des éruptions successives et à l'état de la constitution du malade. Un mois après la première pustule, il est rare de ne pas voir sur le même malade des pustules, des vésicules, des croûtes et des cicatrices ; et cette succession indéfinie dure quelquefois des mois entiers. Chez les artilleurs de la garde, la maladie dura pendant deux mois et cessa après un séjour d'un mois en France ; les premiers qui vinrent réclamer mes soins furent rendus plus tôt à leur service, et quelques-uns d'entre eux ne le cessèrent pas. Un des malades en traitement aujourd'hui à l'hôpital de Versailles a des pustules depuis dix-huit mois. La moyenne des jours de traitement pour l'ecthyma aigu est de 20 jours, et pour l'ecthyma chronique de 60 jours.

Dans la statistique établie par M. Devergie (1), 14 fois sur 20 l'ecthyma a été observé au printemps et en été : sur les 65 cas observés par moi, 60 ont débuté en mai et en juin, 5 en automne. Les formes syphilitique et scorbutique ont surtout sévi pendant l'hiver.

Diagnostic. — Quoiqu'elles se rapprochent des pustules de l'ecthyma, les pustules de la variole se distinguent de celles-ci par la confluence, la forme ombiliquée, les prodrômes et une marche si différente, qu'il est impossible de confondre ces deux dermatoses. L'impétigo ecthymatiforme se fait remarquer par la petitesse de ses pustules, leur confluence, leurs croûtes plus larges, leur siége, et enfin le caractère psydracié. L'acné et le sycosis offrent une base plutôt indurée qu'enflammée, et le sommet de la pustule ne contient de pus qu'un dixième de son volume, tandis que l'ecthyma en contient les 9/10. Dans la période puro-vésiculeuse, l'ecthyma pourra être confondu avec la bulle du pemphigus. Mais dans le pemphigus, le soulèvement épidermique est moins arrondi, plus étendu, contient un liquide plutôt séreux que purulent ; les croûtes sont plus molles, et les ulcérations moins profondes. L'auréole cuivrée, l'ulcère taillé à pic, les signes commémoratifs et les symptômes concomitants indiqueront assez la pustule syphilitique. Donné par tous les auteurs comme complication fréquente de la gale, du prurigo et du lichen, l'ecthyma ne pourra jamais être confondu avec ces dermatoses ; et si l'on se souvient qu'il n'y a pas de gale pustuleuse, les pustules trouvées dans la gale seraient attribuées, d'après leur forme, à l'impétigo ou à l'ecthyma produits par l'irritation acarienne.

Le rupia, à sa période d'éruption, se reconnaîtra facilement par la collection purulente non limitée qui soulève l'épiderme et forme une large ampoule ; mais il sera plus difficile de distinguer ces deux affections pendant les pé-

---

(1) Ouvrage cité, p. 336.

riodes ulcéreuse et croûteuse. Plusieurs auteurs ont réuni ces deux maladies en une seule ; je dirai cependant que dans le rupia, les croûtes sont plus saillantes et plus épaisses, les ulcérations plus profondes et la maladie plus longue, sans parler des premiers symptômes qui n'ont aucune ressemblance.

Le but le plus important de ce travail est de bien faire ressortir tous les symptômes différents du furoncle et de l'ecthyma dans toutes les périodes de ces affections. Ces deux dermatoses pustuleuses marchent souvent ensemble et sont presque toujours confondues par les médecins de régiment et pour les causes suivantes. Rarement le malade se présente au début de l'affection, il ne vient à la visite qu'après la déchirure des pustules, quand les ulcérations sont saignantes ou recouvertes de croûtes molles et purulentes. Quelques furoncles se faisant remarquer à côté de ces plaies ulcérées, l'éruption est regardée comme furonculeuse et traitée comme telle. Ce n'est que la longue durée de la maladie et la succession continuelle des pustules qui peuvent fixer l'attention du médecin et le décider à envoyer le malade à l'hôpital. Dans un tableau détaillé, j'essaierai de mettre en regard chacun des symptômes de ces deux exanthèmes, heureux si, par ce moyen, je puis apporter quelque lumière dans un diagnostic souvent si difficile.

| ECTHYMA. | FURONCLE. |
|---|---|
| 1° Prurit léger ; pas de chaleur ; quelquefois embarras gastrique. | 1° Douleur lancinante ; chaleur. |
| 2° Pustule conoïde, dure, rouge, enflammée, de moyenne grosseur. | 2° Pustule conoïde, très-dure, rouge-brun, prenant rapidement un développement considérable. |
| 3° Base enflammée, auréole rouge-brun. | 3° Base enflammée ; érésipélateuse ; pas d'auréole bien marquée. |
| 4° Vésicule séro-purulente occupant les 9/10 de la pustule. | 4° Sommet de la tumeur s'amincissant pour montrer un point blanc. |
| 5° Pus séreux mal lié. | 5° Pus très-épais, soit de bonne nature, soit sanguinolent. |
| 6° Pas de bourbillon, mais une petite fausse membrane. | 6° Bourbillon formé de tissu cellulaire mortifié. |
| 7° Ulcération en godet de la grosseur d'une tête d'épingle, peu profonde, mais tendant à s'étendre en largeur. | 7° Excavation provenant de l'expulsion du bourbillon, et tendant à se remplir de lymphe plastique pour former la croûte. |
| 8° Croûte de moyenne épaisseur, aplatie, brune, ronde, formée quelquefois de cercles concentriques, enchâssée dans le derme. | 8° Croûte peu épaisse, mamelonnée, moins large, moins régulière, brune ou noire, moins persistante et dépassant le derme qui l'entoure. |

| | |
|---|---|
| 9° Tache pourprée, s'éclaircissant du centre à la circonférence.. . . . . . . . . . | 9° Tache rosée, irrégulière, non persistante; plus souvent cicatrice. |
| 10° Auréole épidermique brune, circulaire et persistante.. . . . . . . . . . | 10° Pas d'auréole épidermique. |
| 11° Cicatricule ovalaire et plissée (ecthyma aigu). Cicatrice déprimée, brune d'abord, blanche ensuite, circulaire, étoilée ou polygonale, quelquefois limitée par un liséré épidermique. . . . . . . . | 11° Cicatricule linéaire, quand le furoncle a été ouvert. Cicatrice irrégulière mamelonnée, rose; sans liséré, sans auréole. |
| 12° Siégeant presque toujours aux jambes, ayant pour siége anatomique, suivant les uns le follicule sébacé, suivant les autres la couche superficielle du derme, ou, pour parler d'une manière plus précise, la papille vasculaire. . . . . . | 12° Siégeant le plus souvent aux fesses et aux cuisses. Inflammation, soit du tissu cellulaire contenu dans les aréoles du derme, soit seulement d'un des prolongements d'une fibre du tissu cellulaire sous-dermique à travers les mailles du derme qui l'étrangle. |
| 13° Affectant le plus souvent les sujets débilités, lymphatiques, ou sous le coup d'une cachexie quelconque. . . . . . | 13° Affectant le plus souvent les sujets robustes et à tempérament sanguin. |

*Siége anatomique.* — Presque tous les auteurs placent le siége de l'ecthyma dans le follicule sébacé. Biett dit que c'est une phlegmasie de ce follicule. M. Hardy combat cette opinion en disant que l'ecthyma établit son siége le plus ordinaire dans les parties du corps où les follicules sébacés sont le plus rares, c'est-à-dire aux mains et aux pieds, tandis qu'il ne se montre jamais au visage où ce follicule est si abondant. Du reste, l'acné est l'affection la plus ordinaire de cet organe de sécrétion.

Samuel Plumbe (1) donne une théorie de la formation de la pustule ecthymoïde assez originale pour que nous en disions quelques mots. Selon l'auteur anglais, la maladie commence par une lésion des dernières ramifications capillaires. Il se produit une pétéchie. Mais au lieu de rester stationnaire, cette pétéchie, sous une cause d'irritabilité quelconque, agit comme corps étranger, et provoque une inflammation éliminatrice. Le sang, extravasé des capillaires, se mêle à la lymphe plastique sécrétée par les vaisseaux qui travaillent à réparer le désordre, et de ce mélange naît la croûte.

Cette théorie, en opposition avec les faits, n'explique pas la formation de la pustule. Du reste, le purpura, comme le fait remarquer Biett (2), ne détermine pas d'inflammation, et son point d'origine est cependant une pétéchie.

---

(1) *The Cyclopedia of practical medicine*, S. Plumbe, p. 672.
(2) *Dict. en 30 vol.*, Biett.

M. Duchêne-Duparc (1) s'exprime ainsi dans son *Traité pratique des dermatoses :*

« Toutes les pustules larges, irrégulières, superficielles, ne laissant à leur suite aucune cicatrice, sont le résultat évident d'une inflammation circonscrite des capillaires sanguins ; à cette explication se rattache l'opinion d'Unger, qui fait naître les pustules du corps papillaire. J'admets au contraire que les pustules petites, régulièrement circonscrites, d'un développement progressif et généralement persistantes, ont pour siége anatomique les follicules sébacés et quelquefois l'extrémité des conduits sudoripares.»

Pour cet auteur, l'acné aura donc son siége dans le follicule sébacé, et l'ecthyma dans la papille vasculaire. Malgré l'extrême difficulté d'assigner à chaque maladie de la peau un siége anatomique constant, je crois que cette opinion est celle qui rencontrera le moins d'objections. La papille vasculaire enflammée est le point initial de la maladie. L'orifice d'un follicule pileux ou d'un follicule sébacé isolé peut se trouver compris dans la vésicule et former le point noir qu'ont remarqué tant d'auteurs. L'inflammation gagnant en profondeur peut envahir le follicule sébacé et même détruire le derme sur une surface assez grande ; mais cet effet n'est que secondaire, et c'est la papille vasculaire dont l'affection commence la maladie.

*Étiologie.*—On reconnaît généralement à l'ecthyma des causes prédisposantes et des causes occasionnelles. Parmi les premières, nous citerons les tempéraments lymphatiques et scrofuleux, l'habitation dans des lieux humides, les cachexies scorbutiques et syphilitiques, le printemps, etc. Parmi les secondes, nous rangerons tous les stimulants appliqués sur la surface de la peau : sucre, chaux, sel, soufre, etc. Aussi trouverons-nous cette maladie chez les épiciers, les maçons et tous les ouvriers qui manipulent une substance métallique pulvérulente. Cet ecthyma des mains revêt la forme aiguë, comme celui produit par les pommades irritantes, telles que celles de tartre stibié, d'extrait d'aconit (Rayer) (2), ne dure que deux ou trois septénaires,

---

(1) Ouvrage cité, p. 44.
(2) Ouvrage cité, p. 738.

et cesse avec la cause qui l'a produit. L'ecthyma observé chez les recrues à Valence n'a pas eu plus de durée, mais neuf fois l'homme atteint était d'une constitution lymphatique. Les sujets sanguins n'étaient tourmentés que par les furoncles.

Tous les auteurs s'accordent à regarder l'acarus de la gale comme la cause la plus fréquente de la pustule d'ecthyma, et M. Hardy (1) place le lieu d'élection dans les mains et les pieds ; nos hommes ne gardant jamais la gale plus de deux jours, nous avons rarement l'occasion d'observer cette complication pustuleuse. Cependant nous avons en ce moment un malade à l'hôpital de Versailles, atteint en même temps de gale, d'ecthyma, d'acné et de pemphygus syphilitiques. La rougeole, la petite vérole, la scarlatine, l'herpès et le prurigo se compliquent aussi de pustules ecthymoïdes. L'exercice forcé, les fatigues de tout genre, les privations, l'abus des liqueurs alcooliques, le séjour dans des habitations sombres, humides et privées d'air, et enfin la malpropreté, sont autant de causes occasionnelles. D'après Todd (2), la maladie peut être produite par des morsures de sangsues, et par le simple frottement des habits ; tellement que quelques auteurs ont remarqué que les pustules sont souvent situées sous les poignets et le collet de la chemise, sous la ceinture du pantalon, et à l'endroit où l'on attache la jarretière. Cette dernière remarque du médecin anglais nous aide singulièrement à faire l'étiologie de l'ecthyma dans l'armée.

L'exercice du cheval, l'irritation produite par le frottement du pantalon à manchettes en cuir, par les petites et les grandes bottes sur la peau des jambes, la malpropreté inhérente à tout cavalier qui fait le service d'écurie, enfin la stase du sang dans les membres inférieurs pendant l'exercice à cheval, sont autant de causes directes qui amènent la pustule ecthymoïde dans la cavalerie (3). Chez les recrues

---

(1) Ouvrage cité.
(2) Ouvrage cité.
(3) M. Douchez, médecin-major de 2⁰ classe, a publié, dans la *Gazette médicale de l'Algérie* (1856), une note intéressante sur la fréquence

nous avons les furoncles aux fesses, et l'ecthyma aux jambes. Chez les sujets lymphatiques, l'ecthyma domine ; chez les sujets sanguins, c'est le furoncle. Enfin, les fatigues et les privations inhérentes à la campagne la mieux dirigée, la cachexie scorbutique ou l'élément syphilitique ancien venant apporter leur contingent de causes prédisposantes, nous aurons à observer l'ecthyma chronique dans toutes ses formes, comme la campagne d'Orient nous en a tant fourni d'exemples.

*Traitement.*—En général, l'ecthyma aigu disparaît avec les causes qui l'ont fait naître. Des purgatifs doux, des boissons acides, des bains tièdes, et enfin des cataplasmes de fécule de pomme de terre dans la période d'éruption, et des lotions avec le sous-acétate de plomb, quand l'inflammation a diminué, tels sont les moyens généralement employés.

L'état aigu passant le plus souvent à l'état chronique, chez les sujets lymphatiques ou affectés de cachexie quelconque, il conviendra de joindre les toniques et les dépuratifs aux moyens indiqués ci-dessus ; et je pense qu'il serait préférable que le médecin de régiment, aussitôt la

---

en Algérie des affections phlegmoneuses cutanées. Comme M. Dauvé, il a remarqué la fréquence de ces affections aux membres inférieurs chez les cavaliers. « Au mois de mai 1855, une grande partie de mon régiment fut atteinte de furoncles. Une cause générale, dont je parlerai plus loin, provoquait leur manifestation ; mais pourquoi existaient-ils tous, ou à peu près, à la partie interne des membres abdominaux ? N'est-ce pas parce que ces différentes parties étaient, chez ces cavaliers, fréquemment exposées au frottement du cheval ? Si la cause générale eût agi seule, l'effet serait apparu sur une partie quelconque du corps et non en un lieu pour ainsi dire déterminé. L'économie était au furoncle. L'irritation produite par l'équitation le faisait éclore sur les parties exposées au frottement. »

M. Félix Bertherand, médecin-major de 2ᵉ classe, a fait la même observation, consignée dans la note de M. Douchez : « Généralement, en dehors de toute filiation pathogénique, c'est sur des artilleurs à cheval, de préférence aux canonniers et ouvriers des compagnies à pied, que j'ai rencontré le plus d'exemples de furoncles, de furoncles multipliés surtout ; dans la majorité des cas, le siége était aux fesses et aux aisselles. »

(**La rédaction.**)

pustule constatée, envoyât son malade à l'hôpital, où tous les soins locaux appropriés, où la nourriture et les toniques de tout genre lui seront dispensés avec plus d'abondance et de variété qu'à l'infirmerie régimentaire.

Dans l'ecthyma chronique, le traitement local dépend de la période de la maladie. Dans la période d'éruption les topiques émollients sont indiqués. Dans la période d'ulcération, les mêmes moyens ne doivent être continués que pendant la durée des symptômes inflammatoires.

Si l'ulcération tend à s'étendre, si son fond est de mauvaise nature, il est important de modifier la plaie et d'arriver rapidement à la période croûteuse. Les Anglais emploient le nitrate d'argent, le beurre d'antimoine ou la potasse caustique. Je me suis constamment servi de la teinture d'iode, d'abord mélangée avec moitié d'eau, ensuite à l'état pur. Les ulcérations touchées avec ce liquide se couvrent immédiatement de croûtes, qui sont le meilleur topique de ce genre d'ulcères. Les toniques et les dépuratifs venant s'ajouter à cette action médicatrice, la peau se reforme au-dessous de la croûte, qui tombe un ou deux septénaires après sa formation. La durée de l'affection ne dépend plus que de l'état général du malade, et partant de la succession plus ou moins multipliée des pustules ecthymoïdes.

Pendant la traversée de Constantinople à Marseille, et pendant les étapes de cette dernière ville à Versailles, j'ai employé le traitement suivant chez les hommes de l'artillerie que je ne pouvais laisser en arrière : pendant les premiers jours de l'éruption, frictions mercurielles autour des pustules. Aussitôt que les ulcérations se montraient, j'appliquais un bandage avec des bandelettes de diachylon imbriquées, depuis les malléoles jusqu'au genou. Ce bandage permettait aux hommes de monter à cheval et de faire leur service. Le bandage était renouvelé tous les deux jours et les ulcérations touchées avec la teinture d'iode. Chez tous ces malades, le meilleur traitement fut le climat de France, la nourriture saine et variée qu'ils purent s'y procurer, et toutes les conditions d'hygiène inhérentes à la patrie, qui, depuis si longtemps, faisaient défaut à notre armée.

### ECTHYMA SCORBUTIQUE.

Sous ce titre, je veux rappeler en quelques lignes l'éruption pustuleuse que j'ai souvent observée à Constantinople, pendant l'hiver de 1856, époque à laquelle notre armée fut désolée par le scorbut et le typhus. Dans un service de deux cents malades, à l'hôpital de Gulhané, avec M. Netter comme chef de service, j'ai pu étudier le scorbut sous toutes ses formes. Au milieu du cortége si nombreux des symptômes de cette affection, j'ai toujours remarqué sur les membres inférieurs diverses éruptions dont bien souvent j'étais embarrassé pour trouver le nom. Les taches ecchymotiques du scorbut, du purpura simplex, les bulles du rupia se mélangeaient aux pustules d'ecthyma. Ces dernières sont plus larges que dans les autres formes de l'ecthyma. L'auréole est brune, la vésicule est remplie par un sang noir. L'ulcération qui lui succède offre une teinte noirâtre. Elle s'étend jusqu'à ce que l'état général du malade soit modifié. Les croûtes sont épaisses et noires. A leur chute, elles laissent une tache d'un violet foncé et une cicatrice indélébile ordinairement polygonale. Après quatre années, ces cicatrices sont encore apparentes. On les rencontre sur toutes les parties du corps, la tête exceptée, mais principalement sur les jambes.

Cette forme se rapproche de l'ecthyma cachecticum de Willan et du luridum de Bateman. L'ecthyma scorbutique s'est présenté sous plusieurs formes, suivant le degré du scorbut ou ses complications : ou le scorbut s'annonçait par ses symptômes initiaux, gengivite ulcéreuse, taches ecchymotiques, purpura simplex, gonflement des membres inférieurs, embarras gastrique; ou bien les symptômes étaient plus graves, la gengivite, les taches et les épanchements sanguins se terminaient par des plaques gangréneuses ; enfin quelques mois après l'épidémie, chez les sujets guéris du scorbut, ou chez ceux qui, exposés aux mêmes causes d'affaiblissement, n'avaient présenté aucun des symptômes ordinaires, on trouva des lésions diverses ; douleurs musculaires, névralgies des membres inférieurs, gonflement des pieds et des mollets, éruptions diverses, furoncles, ecthyma, psoriasis. Je crois donc qu'il est logique d'admettre avec ces trois degrés du scorbut trois variétés dans la pustule scorbutique : ecthyma scorbutique proprement dit, ecthyma scorbutique gangréneux, ecthyma scorbutique consécutif.

*Ecthyma scorbutique proprement dit.* — La première variété se caractérise par la largeur de la pustule, sa couleur rouge sombre, son auréole lie de vin, la couleur noire du liquide contenu dans sa vésicule, le fond gris sanieux de l'ulcération, et l'épaisseur et la couleur noire de la croûte. La maladie dure aussi longtemps que le scorbut, c'est-à-dire plusieurs mois. Presque toujours l'épiderme est détruit et les cicatrices sont indélébiles.

*Ecthyma scorbutique gangréneux.* — Cette variété a été décrite pour la première fois par M. Hardy (1) dans l'ecthyma aigu. Je l'ai observée une fois, chez un malade qui mourut à l'hôpital de Gulhané à la suite d'une gangrène de la bouche, avec perforation de la joue droite par la chute d'une escarre, et qui présentait aux jambes plusieurs pustules d'ecthyma gangréneux. Les symptômes locaux sont les suivants : pustules phlysaciées, auréole noire d'abord, grisâtre ensuite ; vésicule large, contenant un liquide sanieux ; escharre circulaire occupant tout le siége de la pustule ; ulcération taillée à pic et de mauvaise nature. Parmi les symptômes généraux j'ai noté : langue sale et sèche, pouls fréquent, petit et serré, diarrhée sanguinolente. Cette variété est très-rare ; je ne l'ai observée qu'une fois, chez le sujet dont j'ai parlé plus haut, et qui mourut dans le délire après quinze jours de maladie. Elle ressemble sous plusieurs points à l'affection que plusieurs auteurs ont décrite chez les vieillards sous le nom de rupia escharrotica.

*Ecthyma scorbutique consécutif.* — Cette variété a été indiquée par M. Rizet, dans son travail sur les effets éloignés du scorbut (2). C'est elle qui a frappé les artilleurs de la garde au retour de Crimée. Je l'ai décrite avec détail à

---

(1) Ouvrage cité.
(2) *Mémoires de médecine militaire*, année 1859.

propos de l'ecthyma chronique. Elle n'a présenté de différence avec ce dernier que sa cause prédisposante et la forme épidémique qu'elle a revêtue chez des hommes se trouvant dans les mêmes conditions hygiéniques. Cette variété ne siégeait qu'aux jambes de nos artilleurs.

Le traitement de l'ecthyma scorbutique n'est autre que celui du scorbut, avec les moyens locaux indiqués au traitement de l'ecthyma chronique. Le traitement ordinairement appliqué à la gangrène sera celui de la variété gangréneuse.

### ECTHYMA SYPHILITIQUE.

Syphilide pustuleuse phlysaciée (Rayer, Biett, Bazin) ; *pustular venereal disease* (Carmichaël).

La maladie débute le plus souvent par une pustule qui se développe d'emblée en un point quelconque du corps, autour d'un ou de plusieurs follicules pileux ; quelquefois par une tache rouge sur laquelle se développe une pustule conique souvent ombiliquée à son centre, et ressemblant à celle de la variole. Le liquide séro-purulent contenu dans la vésicule se concrète, et forme des croûtes dures, noirâtres, qui soulevées par le pus ne tardent pas à tomber et à laisser à nu une ulcération arrondie, profonde, à fond livide et à bords taillés à pic. L'auréole est large et cuivrée. Cette couleur est le signe caractéristique de l'affection syphilitique. La période ulcéreuse est ordinairement très-longue. Quand les croûtes tombent, elles laissent une cicatrice ronde permanente, d'une couleur rouge cuivrée, et entourée d'un petit liséré blanc formé par une exfoliation de l'épiderme, liséré sur lequel Biett attirait l'attention de ses élèves. J'ai trouvé ce liséré chez plusieurs hommes atteints d'ecthyma scorbutique, et même quatre ans après la guérison.

Cette maladie est surtout commune chez les enfants à la mamelle. Elle est très-rare chez les adultes. Cependant nous l'avons observée plusieurs fois dans l'armée.

Il est une forme plus fréquente : c'est l'ecthyma chronique survenant chez les cavaliers qui ont ou qui ont eu la vérole. La syphilis n'est ici que la cause prédisposante, et l'équitation, la chaussure et la malpropreté sont les causes occasionnelles. Dans les cas de cette espèce je n'ai pas constaté l'auréole cuivrée ; mais la période ulcéreuse a duré beaucoup plus longtemps, et a pris pour ainsi dire la forme serpigineuse. Le mercure seul a pu modifier les ulcères, et la teinture d'iode amène à la cicatrisation. Les cicatrices, rouge sombre, sont irrégulières et indélébiles. Quelques-unes ont la largeur d'une pièce de cinq francs ; d'autres forment une ligne demi-circulaire occupant la moitié du mollet à l'endroit où l'extrémité supérieure de la botte étrangle la jambe. Le siége constant de cette variété est fixé aux membres inférieurs et principalement aux jambes.

Le traitement de cette variété est celui de la syphilis. La teinture d'iode en application locale m'a donné les meilleurs résultats.

Carmichaël (1), limitant la syphilis à une seule forme d'éruption, ne rattache pas à cette maladie les pustules phlysaciées. Il les regarde comme étant les accidents secondaires d'un ulcère primitif particulier n'ayant pas les caractères de la vérole. Cette éruption secondaire est précédée de fièvre et de démangeaisons. D'après cette opinion qui n'est admise par personne, Carmichaël niait l'efficacité du mercure, et recommandait les antimoniaux, la salsepareille et le gaïac, comme traitement général, et les fumigations de soufre, le goudron ou la pommade sulfureuse comme traitement local. Cette méthode de traitement n'a pas obtenu la sanction générale, et tous les praticiens pensent qu'il est plus sûr d'avoir recours à la médication spécifique.

OBSERVATIONS.

*Ecthyma chronique.* — Allo, cavalier au 9ᵉ cuirassiers, 23 ans, cheveux chatains, lymphatique, au service depuis deux ans, n'a jamais eu de maladies vénériennes.

L'éruption s'est déclarée au mois de juin 1860, au moment où le cavalier montait le plus souvent à cheval. Entré à l'hôpital le 28 octobre 1860, les pustules occupaient les jambes seules. Elles étaient à toutes les périodes, on en comptait 15 à la jambe gauche et 21 à la jambe droite. Depuis 3 mois quelques nouvelles pustules, mais plus petites que les premières, ont paru ; trois sur la jambe gauche et deux sur la jambe droite. Elles sont ainsi disposées :

---

(1) *Carmichael on venereal Diseases,* 1825. Dublin.

| Jambe gauche........ 17 pust. | Jambe droite........ 23 pust. |
| Région antér. et externe. 13 | *Idem*............ 22 |
| *Idem*, interne...... 1 | *Idem*............ 1 |
| Postérieure......... 3 | *Idem*............ 0 |
| Pied............. 1 | *Idem*............ 0 |

Les premières pustules ont laissé des cicatrices déprimées, les dernières n'ont laissé que des taches violettes. La teinture d'iode, appliquée chaque jour sur les ulcérations, a formé des croûtes, dont quelques unes tiennent encore, depuis un mois qu'elles sont formées. Les pustules touchées avec l'iode n'ont laissé que des taches. Depuis que le malade est soumis aux toniques, vin de quinquina, iodure de fer, etc., il n'est pas survenu de nouvelles pustules, et le malade est guéri aujourd'hui 27 janvier 1861.

*Ecthyma chronique*. — Berton, cavalier au 2ᵉ carabiniers ; 26 ans, soldat depuis cinq ans ; tempérament lymphatique, adénites sous-maxillaires. Est déjà entré deux fois à l'hôpital pour une amygdalite chronique ; n'a jamais eu de maladies vénériennes.

Il est atteint de pustules ecthymoïdes depuis deux mois.

Entré à l'hôpital le 14 janvier 1861, il ne porte des pustules qu'aux jambes et aux cuisses ; elles sont ainsi disposées :

| Jambe droite........ 3 pust. | Jambe gauche........ 6 pust. |
| Région antér. et externe. 2 | *Idem*............ 6 |
| *Idem*, interne...... 1 | *Idem*............ 0 |
| Postérieure......... 0 | *Idem*............ 0 |
| Pied............. 0 | *Idem*............ 0 |
| Cuisse............ 1 | *Idem*............ 1 |

Toutes ces pustules ont paru successivement ; la plupart étaient ulcérées.

Tr. toniques et teinture d'iode.

Aujourd'hui, 27 janvier, plusieurs cicatrices ont déjà été obtenues, les autres pustules sont recouvertes de croûtes.

Depuis l'entrée à l'hôpital il n'est pas survenu de nouvelles pustules.

Il n'y a jamais eu ni fièvre ni embarras gastrique.

*Ecthyma chronique*. — Duval, cavalier au 1ᵉʳ carabiniers, 26 ans, cheveux chatains, tempérament lymphatique ; n'a jamais eu de maladies vénériennes.

Entré à l'hôpital le 1ᵉʳ décembre 1860, a eu de nombreux furoncles à l'époque de ses classes à cheval ; on reconnaît ces furoncles aux fesses et aux cuisses, soit à leurs cicatrices, soit à leurs pustules. Deux furoncles se trouvent au-dessous et près des genoux ; mais à partir de l'épine du tibia jusqu'au pied, on rencontre plusieurs pustules et plusieurs croûtes d'ecthyma. Elles sont ainsi placées :

| Jambe droite........ 8 pust. | Jambe gauche........ 5 pust. |
| Région antér. et externe.. 6 | *Idem*............ 1 |
| *Idem* interne....... 2 | *Idem*............ 4 |
| *Idem* postérieure..... 0 | *Idem*............ 0 |

Une seule pustule sur la jambe s'est montrée à l'hôpital. L'iodure de fer, le vin de quinquina à l'intérieur, la teinture d'iode à l'extérieur ont eu raison de cette affection en moins de deux mois. Ce cavalier est sorti de l'hôpital le 17 janvier 1861.

*Ecthyma chronique.* — Liénard, cavalier au 1$^{er}$ carabiniers, 19 ans, soldat depuis dix-huit mois, blond, mais constitution robuste ; tissu cellulaire très-développé.

Il y a cinq mois qu'il a des pustules d'ecthyma aux jambes.

Entré à l'hôpital le 18 janvier 1861, pour des pustules ulcérées. Une cicatrice ecthymoïde datant de six mois existe à la jambe gauche ; cette cicatrice est blanche, déprimée et polygonale.

Les pustules sont ainsi disposées :

Jambe droite. . . . . . . . 5 pust. | Jambe gauche. . . . . . . . 1 pust.
Région antér. et externe. . 4 | *Idem*. . . . . . . . . . . . 0
*Idem*, interne. . . . . . . 1 | *Idem*. . . . . . . . . . . . 1
Postérieure. . . . . . . . 0 | *Idem*. . . . . . . . . . . . 0

Le 27 janvier, les pustules sont recouvertes d'une croûte sèche ; il n'y a plus de suppuration, grâce à l'iode et aux toniques.

*Ecthyma aigu compliqué d'éruption furonculeuse, aux fesses et aux cuisses.*

Cette observation d'éruption ecthymoïde aux cuisses, à l'exclusion des jambes, est la seule que j'aie rencontrée dans la cavalerie. Cette dermatose est aussi causée par l'équitation, car les pustules siégent surtout à la partie interne des cuisses et des genoux, parties en contact avec la selle.

Chappeau, cavalier au 1$^{er}$ carabiniers, 23 ans, blond et lymphatique ; soldat depuis deux ans. Il se plaint de la fatigue que lui cause le cheval. Entré à l'hôpital le 15 janvier 1861, il porte une dizaine de furoncles aux fesses et deux sur chaque cuisse ; on voit à la partie interne des cuisses plusieurs pustules enflammées, surmontées d'une large vésicule remplie d'un pus de bonne nature ; quelques-unes ne laissent sortir à la pression qu'une gouttelette de pus, d'autres en contiennent une plus grande quantité, mais sans bourbillon. On pourrait presque donner à cette forme le nom d'ecthyma furonculeux. Il n'a pas eu de fièvre, pas de perte d'appétit.

Les bains et les émollients ont eu raison de l'état inflammatoire ; on emploie depuis quelques jours la teinture d'iode, et déjà, le 27 janvier, plusieurs pustules ont fait place à des cicatrices violettes ; deux nouvelles pustules ont paru depuis le jour de l'entrée à l'hôpital ; le malade lui-même attribue son affection à l'équitation ; il n'a jamais eu de maladies vénériennes.

*Ecthyma syphilitique, chez un malade scrofuleux.* — Ract, cavalier au 8$^e$ cuirassiers ; 29 ans, soldat depuis huit ans, constitution détériorée, adénites sous-maxillaires suppurées ; a eu des chancres il y a dix mois.

Entré à l'hôpital le 24 juin 1860, pour un chancre mou ; a été soumis à un traitement spécifique pendant soixante jours.

Vers la fin de septembre, Ract vit paraître sur les fesses et les cuisses de petites pustules disposées en groupes disséminés ; ces petites pustules étaient entourées d'une auréole rouge et non cuivrée ; on ne constata que peu de suppuration, mais quand les petites croûtes tombèrent, les taches avaient le caractère cuivré spécifique qu'elles ont encore aujourd'hui. Pendant que cette syphilide pustuleuse miliaire siégeait aux fesses et aux cuisses, plusieurs pustules ecthymoïdes parurent aux jambes, mais avec la couleur syphilitique caractéristique. Les pustules n'ont pas plus d'un centimètre de diamètre. La période ulcéreuse a promptement cédé la place à des croûtes brunes peu épaisses, qui, en tombant, ont laissé une tache cuivrée et non une cicatrice.

On constate les pustules dans les parties suivantes :

| | | | |
|---|---|---|---|
| Jambe droite. | 14 pust. | Jambe gauche. | 9 pust. |
| Région antér. et externe. | 9 | Idem. | 7 |
| Idem, interne. | 4 | Idem. | 2 |
| Postérieure. | 1 | Idem. | 0 |

Les mercuriaux, les toniques et la teinture d'iode ont amené la guérison le 20 janvier après quatre mois de traitement.

*Ecthyma syphilitique compliqué de gale, d'acné et de pemphigus chez un sujet atteint de syphilis constitutionnelle.* — X..... âgé de 36 ans, servant dans la cavalerie depuis seize ans ; constitution détériorée, a eu des chancres il y a trois ans ; il n'a jamais suivi de traitement antisyphilitique ; depuis cette époque, il a eu souvent des ulcérations à la gorge et des taches sur la peau.

Vers le commencement de janvier 1861, le malade éprouva des démangeaisons aux mains, aux bras et sur le ventre ; il survint alors une abondante éruption sur tout le corps.

Le 15 janvier, jour de l'entrée à l'hôpital, M. Godard constate les vésicules de la gale sur les mains et surtout dans les intervalles interdigitaux, des syphilides pustuleuses lenticulaires et miliaires sur la poitrine, sur le ventre et sur les cuisses ; enfin les jambes nous montrent des pustules phlysaciées, qui ne sont autres que l'ecthyma syphilitique. Les ulcérations de toutes sortes sont larges, mais non taillées à pic, elles n'ont pas d'auréole cuivrée ; l'auréole ne devient bronzée qu'autour des cicatrices ; quelques vésicules de gale sont mêlées à ces différentes éruptions. Le traitement antipsorique a fait disparaître l'acarus le 17 janvier, et à partir de ce jour le prurit et la douleur ont complétement cessé. Un traitement mercuriel est ordonné ; l'iode sera employé dans quelques jours, quand les ulcérations seront moins enflammées.

Il y a plusieurs bulles de pemphigus sur les pieds et le ventre.

*Ecthyma chronique chez un sujet ayant la vérole constitutionnelle.* — Gerber, cavalier au 8ᵉ cuirassiers ; 33 ans, blond, constitution très-robuste, a eu des chancres il y a quatre ans, et a suivi un traitement. Depuis cette époque il a toujours eu des boutons à la tête, et à son entrée à l'hôpital il existait encore plusieurs croûtes larges et jaunâtres d'impétigo syphilitique. Il y a deux ans, ce cavalier a eu une fracture comminutive de la jambe droite ; on voit encore deux énormes cicatrices de plaies fistuleuses.

Entré à l'hôpital le 15 novembre 1860, pour des pustules d'ecthyma à la jambe gauche, et surtout pour un ulcère du mollet gauche ayant six centimètres de large sur quatre de long. Suivant le malade cet ulcère a été causé par une pustule semblable aux autres, mais qui s'est développée sur la cicatrice d'une ancienne morsure de cheval ; les bords de l'ulcère sont épais et taillés à pic, le fond est sanieux ; les autres pustules moins larges présentent les mêmes caractères, mais il n'y a pas d'auréole cuivrée. Le malade prend un traitement mercuriel, et la teinture d'iode est appliquée sur les ulcérations. La guérison est complète le 19 janvier.

La jambe droite, anciennement fracturée, n'a pas de pustules ; on constate sur :

La jambe gauche. . . . . . . . . 8 pustules.
Région antérieure et externe. . . 3
*Idem*, interne. . . . . . . . . . 4
*Idem*, postérieure. . . . . . . . 1

*Ecthyma chronique chez un sujet atteint de syphilis constitutionnelle.* — Laboulbène, cavalier au 8ᵉ cuirassiers, 23 ans, constitution robuste ; a eu des chancres l'année dernière, et il a suivi un traitement.

Cet homme a des pustules d'ecthyma depuis sept mois. Entré à l'hôpital le 6 janvier pour des ulcérations aux jambes ; se plaint de ce que l'exercice à cheval lui a donné des boutons ; à son entrée à l'hôpital plusieurs pustules sont déjà recouvertes de croûtes ; d'autres sont ulcérées ; l'une entre autres, placée à l'endroit du mollet où s'arrête la botte, a une forme demi-circulaire et horizontale de deux centimètres de large et de six centimètres de long, produite assurément par le frottement de l'extrémité de la botte ; les ulcérations sont taillées à pic, mais il n'y a pas d'auréole cuivrée. Les cicatrices ne sont pas non plus bronzées.

On constate sur la :

Jambe droite. . . . . . . . 5 pust.   Jambe gauche. . . . . . . 1 pust.
Région antér. et externe. 0           *Idem*. . . . . . . . . . . . 0
*Idem*, interne. . . . . . 4          *Idem*. . . . . . . . . . . . 0
*Idem*, postérieure. . . . 1          *Idem*. . . . . . . . . . . . 1

Toniques et teinture d'iode, traitement mercuriel. Le 27 janvier 1861, la cicatrisation est presque complète.

### ECTHYMA SCORBUTIQUE.

*Examen des cicatrices d'ecthyma scorbutique datant de plusieurs années (3 Observations recueillies dans mon service).*

Observation 1ʳᵉ. — Duc, cavalier au train d'artillerie de la garde, 26 ans, constitution robuste ; a fait la campagne de Crimée, et a eu le scorbut au mois de février 1856. Évacué de Crimée comme malade, il est entré à l'hôpital de Ramischtiflick le 14 mars de la même année. Il avait les jambes noires, enflées et couvertes de taches ecchymotiques et quelques pustules d'ecthyma ; à la partie externe et supérieure de la jambe droite on voit, aujourd'hui 27 janvier 1861, une cicatrice déprimée ayant deux centimètres de diamètre ; le fond est blanchâtre, les bords plus élevés sont encore légèrement brunis ; la cicatrice est polygonale.

Observation 2$^{me}$. — Moiroud, cavalier au même escadron, 27 ans ; brun, forte constitution ; a fait la campagne de Crimée avec le 7$^{me}$ d'artillerie. Cet homme a eu le scorbut en 1856 ; les jambes, noires et enflées, ont été couvertes de pustules d'ecthyma, surtout la jambe droite.

Aujourd'hui 27 janvier 1861, on trouve cinq cicatrices ayant toutes les mêmes caractères ; elles sont polygonales, lisses, violettes ; la couleur violette, peu prononcée au centre, devient plus foncée sur les bords. Une des cicatrices est entourée d'un liséré blanc d'épiderme exfolié. Le malade n'avait pas eu la vérole avant l'éruption d'ecthyma ; les cicatrices sont situées sur la partie interne de la jambe droite.

*Cicatrices d'ecthyma chronique après trois ans de date.* — Cavel, cavalier au même escadron, 25 ans ; blond, lymphatique. Adénite sous-maxillaire ; entré au 3$^e$ d'artillerie à Strasbourg en 1857 ; pendant ses classes d'équitation il lui est survenu des pustules ecthymoïdes aux jambes. D'après les renseignements fournis par cet homme, qui n'a jamais eu de maladies vénériennes, il a eu un ecthyma chronique. Aujourd'hui 27 janvier 1861, après trois ans, on trouve à la jambe gauche deux taches ovalaires, régulières, déprimées et ayant deux centimètres de diamètre ; le fond est blanc et uni, les bords sont un peu foncés.

FIN.

www.ingramcontent.com/pod-product-compliance
Lightning Source LLC
Chambersburg PA
CBHW060556050426
42451CB00011B/1948